Geistliche Chorgesänge
von John Rutter

Acht geistliche Chorgesänge
in deutscher Übersetzung

Inhalt

OXFORD
UNIVERSITY PRESS

OXFORD
UNIVERSITY PRESS

Great Clarendon Street, Oxford OX2 6DP,
United Kingdom

Oxford University Press is a department of the University of Oxford.
It furthers the University's objective of excellence in research, scholarship,
and education by publishing worldwide. Oxford is a registered trade mark of
Oxford University Press in the UK and in certain other countries

This collection © Oxford University Press 2023

John Rutter has asserted his right under the Copyright, Designs
and Patents Act, 1988, to be identified as the Composer of these Works

First published 2023

Impression: 1

ISBN 978–0–19–356617–0

Music originated on Sibelius
Printed in Great Britain on acid-free paper by
Halstan & Co. Ltd, Amersham, Bucks.

German language consultant: Norbert Meyn

Verzeichnis der Orchestrierungen

Die meisten Stücke in diesem Band sind auch als Versionen mit Orchester erhältlich. Partituren und Instrumentalstimmen können bei www.oup.com zum Verleih bestellt und wenn angezeigt auch käuflich erworben werden.

Blick auf den Tag
2Fl, Ob, 2Cl, Fg, 2Hrn, Hf, Str *(Verleih)*

Der Friede Gottes
Str *(Verleih)*

Eine englische Segnung
2Fl, Ob, 2Cl, Fg, 2Hrn, Hf, Str *(Verleih)*

Für die Schönheit in der Welt
2Fl, Ob, 2Cl, Fg, 2Hrn, Glsp, Hf, Str *(Verleih und Verkauf)*
Fl, Ob, Hf, Org *(Verkauf)*

Gott segne und behüt dich
Str *(Verleih und Verkauf)*
Fl, Ob, Hf, Org *(Verkauf)*

Schau auf die Welt
2Fl, Ob, 2Cl, Fg, 2Hrn, Glsp, Hf, Str *(Verleih)*
Fl, Ob, Hf, Org *(Verkauf)*

Komponiert für die britische Krebsforschungsgesellschaft
Anlässlich ihres Dankgottesdienstes in der Kathedrale von Ely am 23. September 2007

Blick auf den Tag
(Look to the day)

Dt. Übers.: Tobias Martin

Text und Musik
JOHN RUTTER

1. Blick auf den Tag_____ an dem al - les neu er - scheint,_____
1. *Look to the day_____ when the world seems new a - gain:_____*

Mor - gend - lich frisch_____ und der Him - mel klar;_____ Die
Morn - ing so fresh_____ you could touch the sky;_____ The

13

Er - de glänzt in vol - ler Blü - ten - pracht,___ Strah - lend rings in
earth smells sweet and ev - 'ry flower looks bright,___ Shin - ing in a

mf   *più legato*

Ped.   ✱   *sim.*

17

frisch - em Tau___ wenn dein Blick sie streift.___
dew - y light___ as you wan - der by.___

A

21   SOPRAN und ALT
mp

Nimm Dir die Zeit___ und ge - nieß' den Au - gen - blick;___
Tak - ing the time___ to en - joy each mo - ment;___

leggiero
sempre

(con Ped. sempre)

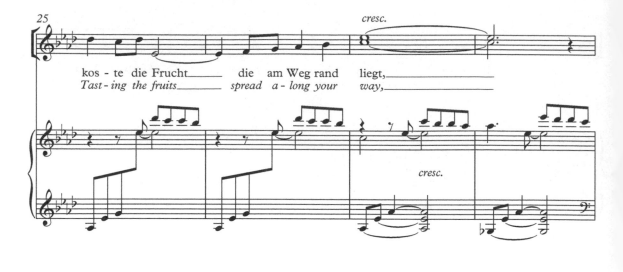

kos - te die Frucht_____ die am Weg rand liegt,_____
Tast - ing the fruits_____ spread a - long your way,_____

nimm Dir die Zeit_____ da - für, träum Dei - nen Traum_____ und sprich:
Know - ing there's time_____ to spare, Dreams you can dream_____ and share:

blick auf den Tag,_____ blick auf den Tag.
Look to the day,_____ look to the day.

2. Blick auf den Tag,_____ wenn die Welt ganz
2. Look to the day_____ when the earth is

neu er-grünt;_____ Früh-lings-gruß_____ nach dem Win-ter-
green a-gain:_____ Pro-mise of spring_____ af-ter win-ter's

-schlaf._____ Weit tönt das Le-ben, wel-ches
sleep._____ The sounds of life re-turn-ing

49

neu er - wacht_____   E - wi - ge Mu - sik der Welt_____ schließ sie in dein
fill   the air,_____   Mu - sic that's for - ev - er   there_____   for your heart to

53

Herz._____   Sä - e die Saat_____ aus der mor - gen
keep._____   Deep in the earth_____ lay the seed of

57

Neu - es sprießt,_____   lei - se und stark_____ bis zur Früh - lings-
life re - newed,_____   Qui - et and strong_____ till the time of

3. Blick auf das Licht; es ver-treibt die Fin - ster - nis;
3. *Look to the light that will drive out dark - ness;*

Blick auf die Kraft die die Angst be - zwingt. Die
Look to the hope that will con-quer fear. God's

Hoff - nung stärkt uns bis der Sieg uns winkt,
strength up - hold us till the fight is won,

bis wir un-s're Pflicht ge - tan_____ und der Tag uns
Till we see our task is done_____ when the day is

naht._____
here._____

T. und B. Mm
Bassen div.

E mp
Blick auf den Tag,_____
Look for that day_____

wenn der Schmerz vo - rü - ber ist:_____
when there shall be no more pain;_____

Ped.

93

Kum-mer und Seuf - zen_ nun ver - geh'n._____
Sor - row and sigh - ing shall pass a - way._____

(mm)

Ped.

97

Bet' für den Tag_____ der kommt,
Pray for the day_____ to come,

mp

trau dem_ Tag_____ der naht,
Trust that the day_____ will come,

101 mp

blick auf den Tag,_____ blick auf den Tag.
Look to that day,_____ look to the day.

cresc.

für den Bischof Thomas McMahon und die Menschen in der Diözese Brentwood im Vereinigten Königreich

Der Friede Gottes

(The peace of God)

Aus dem Book of Common Prayer (1662)
nach Philipper 4, 7
Dt. Übers.: Moritz von Freyhold

JOHN RUTTER

Der / The

Frie-de Got - tes, jen-seits all - en Ver-ste-hens,
peace of God, which pass-eth all un-der-stand-ing,

wah - re eu-er Herz, wah - re eu-ren Sinn in dem
keep your hearts and minds keep your hearts and minds in the

Wis - sen um Got - tes Lieb' und der des Sohns Je - sus Chris -
know - ledge and love of God, and of his Son Je - sus Christ

— tus: Der Frie - de Got - - tes, jen - seits all - en Ver -
— our Lord: The peace of God, which pass - eth all un - der -

- ste - hens,_____ wah - re eu - er Herz,
-stand - ing,_____ keep your hearts and minds,

für das Clare College, Cambridge

Eine englische Segnung
(A Clare Benediction)

Dt. Übers.: Moritz von Freyhold

Text und Musik
JOHN RUTTER

48

Er— schüt - ze und be-wahr' dich; und sein
May he guard you and up - hold you; may his

Ch.

53

Geist weicht von dei-ner Sei - te nicht.
spi - rit be ev - er by your side.

(mp)

In der
When you

Sw.

Nacht   soll'n dich En - gel   be - hü - ten;_____   und am
sleep,   may his   an - gels   watch o - ver   you;_____   when you

Ah_____   ah_____

Sollst ihn
May you

Tag   zeigt er   sei - ne Gna - de   dir:_____
wake,   may he   fill you with his   grace:_____

Ch. oder Sw.

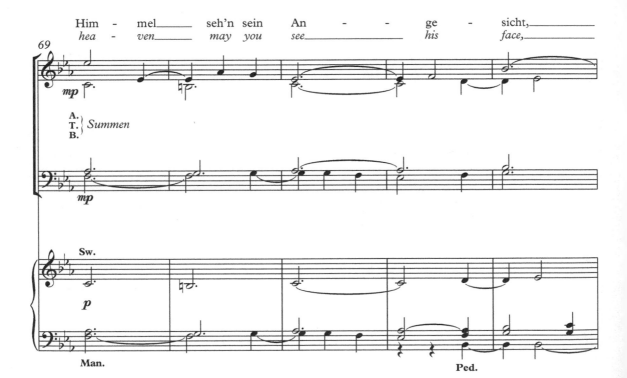

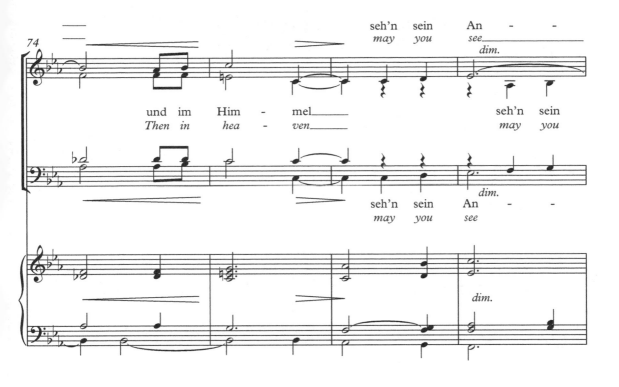

Für die Schönheit in der Welt
(For the beauty of the earth)

F. S. Pierpoint (1835–1917)
Dt. Übers.: Moritz von Freyhold

JOHN RUTTER

1. Für die Schön-heit in der Welt,
1. *For the beau-ty of the earth,*

Für das wei-te Him-mels-zelt, Für die
For the beau-ty of the skies, For the

Lieb',   die   mit viel   Sinn
love   *which from our   birth*

Um uns war von An - ginn,   um uns war von
O - ver and a - round   us lies,   *o - ver and a -*

An - be - ginn: Herr, für dich   wir stim - men
-round us lies: *Lord of all,*   *to   thee   we*

an   Un-sern fro - hen Lob - - - ge -
raise   *This our joy - ful hymn*   *of*

-sang._____
*praise.*_____

A

SOPRAN *mf*

ALT

2. Für den Tag und für die Nacht,_____
2. For the beau - ty of each hour_____

TENOR

BASS *mf*

A

mf

All die schö - ne Zeit ver - bracht,_____ Baum und
Of the day and of the night,_____ Hill and

in memoriam Edward T. Chapman

Gott segne und behüt dich
(The Lord bless you and keep you)

Dt. Übers.: Alex Grendelmeier

JOHN RUTTER

Gott sei stets in mir
(God be in my head)

Worte aus dem Gebetbuch Sarum Primer (1514)
Dt. Übers.: Moritz von Freyhold

JOHN RUTTER

Vom Chorleiterverband Texas beauftragt

Öffne mir die Augen
(Open thou mine eyes)

Lancelot Andrewes (1555–1626)
Dt. Übers.: Moritz von Freyhold

JOHN RUTTER

Fließend und nachdenklich; ziemlich „frei" ♩ = *c.*63

SOLO SOPRAN (oder kleiner Chor)

mp legato

Öff-ne mir die Au-gen, dass ich seh', Reg an mein Herz,— dass ich be-
O-pen thou mine eyes and I— shall see: In-cline my heart and I shall de-

cresc.   *mf* > *mp*   *dim.*   *p*

-geh-re: Lenk mei-ne Schrit-te, so dass— ich lauf' Auf dem Weg— der Ge - bo-te.—
-sire:— Or-der my steps— and I— shall walk In the ways— of thy com-mand-ments.—

SOPRAN (alle)

mp

S.

— Öff-ne mir die Au-gen, dass ich seh', Reg an mein Herz,— dass ich be-
— O-pen thou mine eyes and I— shall see: In-cline my heart— and I shall de-

ALT *mp*

A.

Öff-ne mir die Au-gen, dass ich seh',— Reg an mein Herz,— dass ich be-
O-pen thou mine eyes and I shall see:— In-cline my heart—and I shall de-

nur zum Proben

mp

cresc.   *mf* > *mp*   *dim.*

- geh - re: Lenk mei-ne Schrit- te, so dass ich lauf' Auf dem Weg— der Ge-
- sire:— Or-der my steps— and I— shall walk In the ways— of thy com-

cresc.   *mf* > *mp*   *dim.*

- geh - re: Lenk mei-ne Schrit - te, so dass ich lauf' Auf dem Weg— der Ge-
- sire:— Or-der my steps— and I shall walk In the ways— of thy com-

cresc.

cresc.   *mf* > *mp*   *dim.*

zur Feier des 70. Jubiläums des Council for the Protection of Rural England

Schau auf die Welt
(Look at the world)

Dt. Übers.: Hermann Eckel

Text und Musik
JOHN RUTTER

Schau auf die Welt: so vie-le schö - ne Din - ge,
Look at the world: so ma-ny joys and won-ders,

so vie-le Wun - der auf un - serm Weg.
So ma-ny mi - ra - cles a - long our way.

A
S. (und KINDER)
mf

A.

Lob   sei dir, o Herr, für dei - ne   Schöp - fung,
Praise   to thee, O Lord, for all   cre - a - tion,

T.

mf

B.

A

mf

(Ped.)

Lass   uns   dank - bar   sein, auf   daß   wir   sehn:_____
Give   us   thank - ful   hearts, that   we   may   see:_____

Al - le   gu - ten   Ga - ben, al - ler   Se - gen,
All   the   gifts   we   share, and   ev - 'ry   bless - ing,

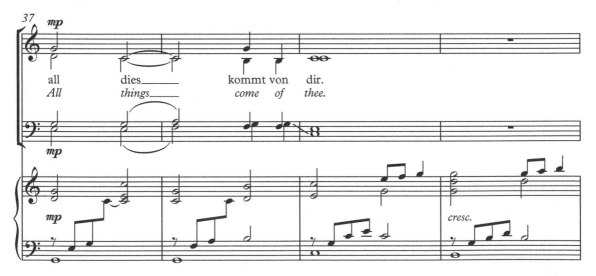

all   dies_____   kommt von   dir.
All   things_____   come   of   thee.

Al - - le gu - ten Ga - ben, al - ler Se - gen,
All   the   gifts   we   share,   and   ev - 'ry   bless - ing,

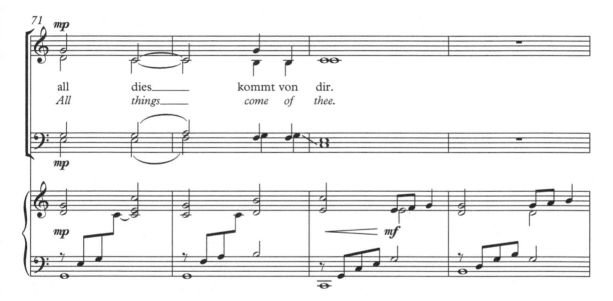

all   dies_____ kommt von   dir.
All   things_____ come   of   thee.

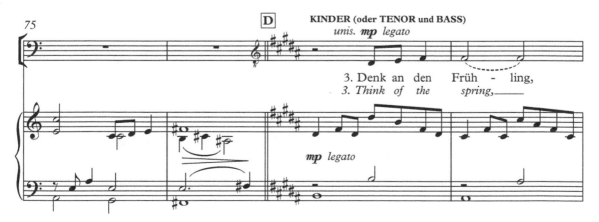

D **KINDER (oder TENOR und BASS)**
unis. **mp** *legato*

3. Denk an den   Früh - ling,
3. Think of the   spring,_____

denk an den war-men Som-mer.
think of the warmth of sum-mer

Bring ein die Ern-te, be-
Bring-ing the har-vest be-

-vor der Win-ter kommt.
-fore the win-ter's cold.

Al-les ge-
Ev-'ry-thing

-deiht,
grows,

al-les hat sei-ne Zeit,___
ev-'ry-thing has a sea-son,

Al-les wird ein-ge-bracht zu Got-tes Ehr:
Till it is ga-thered to the Fa-ther's fold:

* Begleitung nur für die Unisono-Aufführung.

Al - le gu - ten Ga - ben, al - ler Se - gen,
All   the gifts we share, and ev - 'ry bless - ing,

all   dies_____ kommt von dir,
All   things_____ come of thee,

all   dies_____ kommt von dir.
all   things_____ come of thee.